As hipóteses
nas Ciências
Humanas

Dados Internacionais de Catalogação na Publicação (CIP)
(Câmara Brasileira do Livro, SP, Brasil)

Barros, José D'Assunção
  As hipóteses nas Ciências Humanas :
aspectos metodológicos / José D'Assunção Barros –
Petrópolis, RJ : Vozes, 2017.

  Bibliografia.

  4ª reimpressão, 2025.

  ISBN 978-85-326-5464-9

  1. Ciências Humanas 2. Hipótese
3. Metodologia 4. Pesquisa científica I. Título.

17-03150   CDD-001.3072

Índices para catálogo sistemático:
1. Ciências Humanas : Pesquisa   001.3072

JOSÉ D'ASSUNÇÃO BARROS

As hipóteses nas Ciências Humanas
Aspectos metodológicos

Petrópolis

© 2017, Editora Vozes Ltda.
Rua Frei Luís, 100
25689-900 Petrópolis, RJ
www.vozes.com.br
Brasil

Todos os direitos reservados. Nenhuma parte desta obra poderá ser reproduzida ou transmitida por qualquer forma e/ou quaisquer meios (eletrônico ou mecânico, incluindo fotocópia e gravação) ou arquivada em qualquer sistema ou banco de dados sem permissão escrita da editora.

CONSELHO EDITORIAL

Diretor
Volney J. Berkenbrock

Editores
Aline dos Santos Carneiro
Edrian Josué Pasini
Marilac Loraine Oleniki
Welder Lancieri Marchini

Conselheiros
Elói Dionísio Piva
Francisco Morás
Teobaldo Heidemann
Thiago Alexandre Hayakawa

Secretário executivo
Leonardo A.R.T. dos Santos

PRODUÇÃO EDITORIAL

Aline L.R. de Barros
Anna Catharina Miranda
Eric Parrot
Jailson Scota
Marcelo Telles
Mirela de Oliveira
Natália França
Priscilla A.F. Alves
Rafael de Oliveira
Samuel Rezende
Verônica M. Guedes

Editoração: Flávia Peixoto
Diagramação: Sheilandre Desenv. Gráfico
Revisão gráfica: Nilton Braz da Rocha
Capa: SGDesign

ISBN 978-85-326-5464-9

Este livro foi composto e impresso pela Editora Vozes Ltda

Sumário

1 As hipóteses são mesmo necessárias?, 7
2 O caráter provisório das hipóteses e seu papel na pesquisa científica, 11
3 Sobre a constituição de um problema como ponto de partida para o processo de investigação, 17
4 Funções da hipótese na pesquisa, 23
5 A Conquista da América: um problema e suas diversas hipóteses, 33
6 A função das hipóteses no conjunto maior da ciência, 43
7 Uma hipótese sobre o crescimento das cidades, 47
8 Hipóteses e formação de teorias, 53
9 Hipóteses *ad hoc* e hipóteses preditivas, 57

Nota sobre o texto, 67

Referências, 69

Índice onomástico, 73

Índice remissivo, 75

1

As hipóteses são mesmo necessárias?

Qual a importância, para a produção do saber científico, do uso de hipóteses, e em particular nas Ciências Humanas e nos estudos ligados às Ciências Sociais? Seu uso, nesse âmbito mais específico de disciplinas científicas, será tão importante quanto tem sido nas ciências exatas e nas ciências naturais? Formalizá-las em um projeto de pesquisa, ou ao menos conservar uma clara consciência a respeito das hipóteses nas quais nos apoiamos em certa investigação, é mesmo imprescindível? Como articular as hipóteses à teoria, à metodologia, aos modos de expressão dos resultados da pesquisa em forma de texto? Como derivar hipóteses de um problema cuidadosamente bem delineado? Almejamos responder a estas perguntas iniciais a partir de alguns exemplos, e encetando um cuidadoso exame dos diversos fatores envolvidos na elaboração de hipóteses, particularmente no âmbito das Ciências Humanas.

Quero dizer, inicialmente, que penso que tem oscilado razoavelmente, sempre ao sabor das modas acadêmicas, o ato de registrar as hipóteses de trabalho neste instrumento de planejamento que é o Projeto de Pesquisa, assim como também o gesto mental de conservar as hipóteses como um horizonte de orientação para o bom andamento da investigação. Há algum tempo, a formulação de hipóteses costumava ser exigida pelos modelos de projetos (para participação em seleções de pós-graduação ou busca de apoio institucional para pesquisas, p. ex.). As normas para elaboração de projetos de pesquisa costumavam requerer que as hipóteses fossem cuidadosamente formuladas por escrito em uma seção especial. Hoje, menos.

Entrementes, as perguntas atrás propostas não se referem à mera formalização das hipóteses, mas ao seu uso efetivo, consciente ou não, voluntário ou involuntário, explícito ou encoberto. Podemos nos perguntar, visando aos nossos atuais horizontes de produção do conhecimento científico: É possível realmente pensar cientificamente sem formular hipóteses, mesmo que de maneira encoberta? Podemos nos mover sistematicamente por sobre nossas bases de dados, ou entre as fontes a serem constituídas e analisadas, ou no fluxo de uma bibliografia especializada a ser discutida, sem nos valermos de boas hipóteses? Podemos inventar ou encontrar uma metodologia adequada para a pesquisa sem termos em mente, ainda que as considerando provisórias, algumas boas hipóteses de trabalho?

Interessa-nos menos, aqui, a moda acadêmica em vigor. Estas mudam, menos ou mais rapidamente. Admitem variações; oscilam de acordo com as finalidades do trabalho e as instituições que as demandam. Desejamos, contudo, perguntar pelas práticas que pautam, de fato, a produção do saber científico; mais a produção "real" (se é que a moda atualmente em vigor permite usar essa palavra) do que a "formal".

2

O caráter provisório das hipóteses e seu papel na pesquisa científica

O primeiro aspecto que levaremos em consideração acerca do uso de hipóteses para a elaboração de conhecimento científico é o seu uso *provisório*. Uma hipótese, conforme veremos neste ensaio, tem por finalidade principal guiar ou motivar uma investigação, propor respostas possíveis para um problema, colocar o pesquisador em estado de perturbação criadora e em movimento, mobilizar procedimentos metodológicos e ajustá-los às assertivas teóricas, ao mesmo tempo em que pode contribuir para a própria reconstrução dessas mesmas assertivas. A hipótese tem por finalidade liberar potencialidades da pesquisa, e não engessá-la. Esse é um primeiro aspecto a considerar, e para isso recorreremos a um exemplo já clássico para as ciências sociais brasileiras.

No período imediato ao pós-Guerra, o mundo começava a tentar se recuperar do impactante trauma dos horrores promovidos pela intolerância nazista, sistema totalitário que assombrou a Europa com sua filosofia extremamente racista, seu culto à pretensa superioridade de uma "raça ariana" e suas práticas de extermínio em campos de concentração. Os nazistas tinham sido vencidos, e a Europa e demais regiões do planeta mais indiretamente envolvidas no conflito – como as Américas, a África, e certas regiões da Ásia – respiravam ao mesmo tempo um ar de libertação e de inquietação diante dos questionamentos sociais que agora giravam como um turbilhão de inquietações em torno de diversas questões que traziam para o centro do palco os problemas relacionados às desigualdades e diferenças humanas.

Em 1951, alguns intelectuais, entre os quais o antropólogo suíço-americano Alfred Metreaux (1902-1963), idealizaram a promoção de uma pesquisa junto à Unesco que teria por objetivo mostrar como o racismo era despropositado e como poderia haver esperanças de uma futura civilização mundial na qual convivessem seres humanos de diversas origens étnicas[1]. Mais ainda, discutia-se então a

---

1. METREAUX, 1950, p. 384-390.

própria validade do conceito de raças, ou os limites dessa conceituação. Indagava-se, principalmente, em um mundo recém-egresso da Segunda Grande Guerra – e que tinha a duras custas derrubado um perigoso regime de intolerâncias – se não haveria no planeta experiências sociais que pudessem inspirar o reconhecimento do extraordinário valor e benefício do convívio dos diferentes[2].

A pesquisa elegeu como foco de análise o Brasil: um país do qual se dizia que o racismo era menos intenso do que em qualquer parte do mundo, conforme sustentavam algumas obras clássicas do período de 1930, das quais a mais célebre era *Casa grande e senzala* (1933), de Gilberto Freyre (1900-1987). A motivação principal era encontrar o Brasil como exemplo de sociedade antirracista, fazer um elogio da mestiçagem e do convívio das diferenças no contexto de um pós-Guerra que tinha visto surgir com o nazismo um extremado exemplo de in-convivência racial[3].

---

2. Um documento-base que registrava em 1951 o conjunto de preocupações expressas pela Unesco foi o *Statement on Race*, publicado em Paris em 21 de novembro de 1951, escrito em inglês e chancelado pela United Nations Educational, Scientific and Cultural Organization (Unesco).

3. Assim se expressa Marcos Chor Maio, em um artigo sobre o "Projeto Unesco": "o Projeto Unesco foi um agente catalisador. Uma instituição internacional, criada logo

Era um projeto ambicioso, envolvendo diversos intelectuais importantes, e entre os contratados para essa pesquisa estavam pesquisadores da realidade social brasileira já particularmente importantes no âmbito das Ciências Humanas e das Ciências Sociais, entre os quais citaremos os nomes de Florestan Fernandes (1920-1995), Roger Bastide (1898-1974), Oracy Nogueira (1917-1996) e Thales de Azevedo (1904-1995). Conforme já ressaltamos, a hipótese de trabalho que era lançada para o grupo, para que cada um a investigasse livremente, com a devida independência e de acordo com as singularidades de seus estudos, era a de que o Brasil poderia ser tomado como um inspirador modelo de sociedade antirracista.

Em que pese o fato de que alguns dos autores envolvidos no projeto corresponderam às expectativas da Unesco, como seria o caso

---

após o Holocausto, momento de profunda crise da civilização ocidental, procura numa espécie de anti-Alemanha nazista, localizada na periferia do mundo capitalista, uma sociedade com reduzida taxa de tensões étnico-raciais, com a perspectiva de tornar universal o que se acreditava ser particular. Por sua vez, cientistas sociais brasileiros e estrangeiros haviam assumido como desafio intelectual não apenas tornar inteligível o cenário racial brasileiro, mas também responder à recorrente questão da incorporação de determinados segmentos sociais à Modernidade" (MAIO, 1999, p. 1).

de Thales de Azevedo, já outros dos estudiosos envolvidos no mesmo projeto – na verdade a maioria – chegariam a resultados bastante contrários às proposições sustentadas pela hipótese inicial de trabalho. Estudiosos como Florestan Fernandes e Roger Bastide chegaram precisamente a conclusões que apontavam para a existência no Brasil de formas específicas de racismo, uma espécie de "racismo à brasileira", bem distante da antiga noção de "democracia racial".

Encontro neste exemplo uma ilustração bastante significativa sobre o que representa a hipótese no meio científico, no que concerne ao seu caráter de instrumento provisório de trabalho. Alguns intelectuais partem de uma proposição inicial, de uma certa expectativa, de uma proposta que se apresenta a um problema específico – o do racismo – bem estabelecido sobre a ideia de que o Brasil poderia ser apontado como um modelo antirracista, e, ao fim de seus empreendimentos, suas pesquisas os conduzem a conclusões diametralmente opostas.

Não é nosso objetivo, naturalmente, discutir essas conclusões específicas, mas apenas chamar atenção para o fato de que a hipótese, seja ela qual for, é essencialmente um instrumento provisório, podendo ou não ser confirmada, verificada ou demonstrada. A hipótese, no caso discutido, apenas ofereceu-se como elemento de movimentação inicial para a pesquisa. Não é papel da hipótese antecipar os resultados do trabalho. Sua função, na verdade, ou uma de suas diversas funções, é apenas a de colocar o pesquisador em movimento. O exemplo ilustra bem isso. Veremos em maior detalhe como as hipóteses podem ser instrumentalizadas pelas pesquisas em modelo acadêmico, e buscaremos discutir, inicialmente, de onde se origina a necessidade de sua utilização nas Ciências Humanas.

3

Sobre a constituição de um problema como ponto de partida para o processo de investigação

A investigação científica no Ocidente – aqui considerado como a vasta região do planeta que reelaborou a herança filosófica, política e científica do pensamento greco-romano – tem se edificado basicamente, desde longa data, em torno da intenção de resolver "problemas" bem delineados, os quais grosso modo constituem o ponto de partida do próprio processo de investigação. Essa característica da investigação científica hoje predominante em várias partes do planeta é muito familiar aos setores das ciências exatas e naturais, mas não é de modo nenhum estranha às Ciências Sociais e Humanas.

Com a História, desde que os historiadores assumiram o projeto de torná-la reconhecidamente uma ciência, não tem sido muito diferente, e tampouco o é em ciências humanas diversificadas como a Sociologia, Antropologia, Geografia, Economia e outras mais. Para já oferecer o exemplo mais específico da História, podemos dizer que essa necessidade de problematização foi se fazendo cada vez mais característica da historiografia ocidental – sobretudo a partir do século XX, quando se superou a história narrativa ou descritiva do século XIX em favor de uma "História-problema"[4].

Já não existe maior sentido, para a historiografia profissional de hoje, no gesto de narrar simplesmente uma sequência de acontecimentos, ou de descrever certo cenário histórico, se esta narrativa ou esta descrição não estiverem *problematizadas*. Problematizar é lançar indagações, propor articulações diversas, conectar, construir, desconstruir, tentar enxergar de uma nova maneira, e viabilizar uma série de operações que se fazem incidir sobre o material coletado e os dados apurados. Problematizar, nas suas formulações

---

4. A expressão "História-problema" adquiriu cidadania no vocabulário historiográfico a partir dos polêmicos artigos de Lucien Febvre (1858-1976) e do programa de ação da chamada Escola dos *Annales*. Também os novos setores marxistas da historiografia, e de modo geral toda a comunidade historiográfica europeia e das três Américas, adotaram a nova perspectiva.

mais irredutíveis, é levantar uma questão sobre algo que se constatou empiricamente ou sobre uma realidade que se impôs ao pesquisador. Problematiza-se também, é importante lembrar, no próprio momento de constituição do objeto da pesquisa, na eleição da base de fontes que será mobilizada na investigação, e em diversos outros momentos da pesquisa.

A formulação de hipóteses, no processo de investigação científica, é precisamente a segunda parte desse modo de operar inaugurado pela formulação de um problema inicial. Antes de tudo, a hipótese corresponde a uma resposta possível ao problema formulado – equivalendo a uma suposição ou solução provisória mediante à qual a imaginação se antecipa ao conhecimento, e que se destina a ser ulteriormente verificada (para ser confirmada ou rejeitada)[5].

---

5. Existem nuanças importantes entre as expressões que são habitualmente utilizadas para se referir ao teste sistemático das hipóteses. Nas ciências exatas usa-se mais a expressão "verificar as hipóteses", e para alguns problemas específicos é possível chegar a resultados tão objetivos que se pode mesmo dizer que a hipótese foi "provada". Nas Ciências Humanas, contudo, já não se tem nos dias de hoje senão a pretensão de produzir interpretações sobre os processos examinados. Um historiador, por exemplo, não almeja chegar a uma verdade absoluta. Por isso, usa-se aqui mais a expressão "demonstrar as hipóteses", nesta e em outras ciências sociais e humanas que são essencialmente

A hipótese é na verdade um recurso de que se vale o raciocínio humano diante da necessidade de superar o impasse produzido pela formulação de um problema e diante do interesse em adquirir um conhecimento que ainda não se tem. É um fio condutor para o pensamento, através do qual se busca encontrar uma solução adequada, ao mesmo tempo em que são descartadas progressivamente as soluções inadequadas para o problema que se quer resolver.

Pode-se dizer que a hipótese é uma asserção *provisória* que, longe de ser uma proposição evidente por si mesma, pode ou não ser verdadeira – e que, dentro de uma elaboração científica, deve ser necessariamente submetida a cuidadosos procedimentos de *verificação* e *demonstração*. Constitui-se em um dos elos do processo de argumentação ou investigação (na pesquisa científica ela é gerada a partir de um problema proposto e desencadeia um processo de demonstração a partir da sua enunciação).

É por isso que, etimologicamente, a palavra "hipótese" significa literalmente "proposição subjacente". O que se "põe embaixo" é

---

interpretativas, e que apenas pretendem demonstrar que uma certa teoria ou interpretação é sustentável como uma possibilidade passível de ser pensada como verdadeira.

precisamente um enunciado que será coberto por outros, ou por uma série articulada de enunciados, de modo que a hipótese desempenha o papel de uma espécie de fio condutor para a construção do conhecimento. Apesar do seu caráter provisório, a hipótese tem sido a base da argumentação científica e desempenha uma série de funções dentro da pesquisa e do desenvolvimento do conhecimento científico, como se verá a seguir...

Quadro I: Hipóteses – suas funções principais

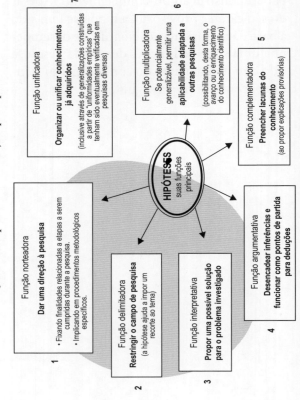

4

Funções da hipótese na pesquisa

São várias as funções desempenhadas pelas hipóteses na pesquisa científica, tanto no que se refere a uma pesquisa específica que está sendo concretamente realizada como no que se refere ao conhecimento científico de uma maneira geral. O Quadro 1 enumera algumas dessas funções, organizando na parte sombreada aquelas funções referentes a uma pesquisa determinada ou ao seu Projeto. Na parte não sombreada estão as funções que a hipótese desempenha em relação ao desenvolvimento científico em geral. Em primeiro lugar, a hipótese estabelece uma "direção mais definida para a Pesquisa" que está sendo realizada – seja fixando finalidades relacionadas a etapas a serem cumpridas, seja implicando procedimentos metodológicos específicos. Dito de outra forma, ela possui uma "função norteadora" (1).

Uma hipótese é norteadora precisamente porque articula as diversas dimensões da pesquisa, funcionando como um verdadeiro ponto nodal onde se encontram o tema, a teoria, a metodologia e os materiais ou fontes da pesquisa. Um bom teste para verificar se você está no caminho certo no que se refere à formulação de hipóteses é já associar cada hipótese aos seus possíveis procedimentos de verificação ou às metodologias a serem empregadas, aos materiais a partir da qual essa verificação poderá ser empreendida, para além da sua base teórica e da sua articulação com o tema. Bem-entendido: se não existem fontes e metodologias adequadas para comprovar a hipótese, ela será inútil, pois não ultrapassará o estado de mera conjectura. Se não existir uma articulação teórica, retorne ao quadro teórico do seu projeto de pesquisa porque ele ficou incompleto (no mínimo, é preciso definir todos os termos importantes incluídos nas hipóteses). Se a hipótese não está articulada a algum dos aspectos do tema, ou ela é irrelevante, ou o recorte temático de seu Projeto não foi bem formulado com relação ao que você pretendia verificar com a sua pesquisa. Por isso, para evitar as armadilhas de investir em uma hipótese inútil, desarticulada, ou irrelevante – isto é, uma hipótese que não irá cumprir adequadamente a sua "função norteadora" –, uma excelente estratégia é organizar imaginariamente uma espécie de quadro associando as hipóteses aos procedimentos metodológicos, fontes e aspectos teóricos com ela relacionados. Digamos, por exemplo, que a sua pesquisa desenvolve-se em torno de três ou quatro hipóteses, cada uma delas com os seus próprios procedimentos e possibilidades de documentação comprobatória. O quadro de articulação das hipóteses com os demais aspectos da pesquisa poderia ser algo assim:

Quadro 2: Articulação das hipóteses com outros aspectos da pesquisa

	Fontes a utilizar na comprovação	Metodologias a serem empregadas	Articulações teóricas (ex.: conceitos com os quais a hipótese dialoga)	Articulações com o tema (ex.: fatores levados em consideração)
Hipótese 1				
Hipótese 2				
Hipótese 3				
Hipótese 4				

Mais adiante, retomaremos esse quadro, exemplificado com uma situação concreta. Por ora, retornemos às múltiplas funções da hipótese na pesquisa. Além de impor uma direção à pesquisa, relacionando-se previamente aos procedimentos metodológicos e recursos teóricos e documentais que serão empregados, as hipóteses cumprem a finalidade primordial de "restringir o campo de pesquisa", impondo um recorte mais específico ao Tema. Nesse sentido, a hipótese possui uma "função delimitadora" (2).

Assim, por exemplo, estudar a "Conquista da América" (processo histórico que se dá a partir do século XVI com a expansão espanhola e portuguesa através das grandes navegações) constitui uma temática muito ampla, ou mesmo vaga. Para saltar da condição insatisfatória do investigador que tem diante de si um panorama de inúmeras possibilidades – e entrar na condição de uma investigação concreta a se realizar – será preciso delimitar dentro desse campo temático um sistema de problema e hipótese. Vejamos alguns desdobramentos dessa exemplificação. Na História da Conquista da América, um dos problemas mais intrigantes e fascinantes que têm sido enfrentados pelos historiadores é o de tentar entender como impérios tão bem organizados como o dos astecas e o dos incas, habitados por milhões de nativos, foram derrotados por apenas algumas centenas de soldados espanhóis em tão curto espaço de tempo e com tão aparente facilidade[6].

---

6. Sobre isso, chama atenção Fernández-Armesto em seu artigo "Aztec – Auguries and Memories of Conquest of the México", 1992, p. 287-305. Cf. tb. RESTALL, 2006.

As hipóteses que têm sido propostas como respostas possíveis a esse problema são muitas, "indo desde a inferioridade do armamento indígena (Bartolomeu de Las Casas), até as divisões políticas no interior desses impérios (Bernal Díaz, Cieza de León); desde os erros de estratégia militar apontados para explicar a derrota de Atahualpa em Cajamarca (Oviedo), até as sofisticadas explicações dos estudiosos modernos que consideram a derrota dos índios como consequência de sua incapacidade de decodificar os signos dos conquistadores (Tzvetan Todorov)"[7].

Ora, a mera delimitação do problema acima proposto já impõe um primeiro recorte ao tema mais amplo da Conquista da América. Em seguida, a escolha de uma ou de algumas hipóteses combinadas como soluções provisórias ou como caminhos para a pesquisa delimitarão ainda mais o recorte temático. Dessa maneira, quando o filósofo e linguista búlgaro Tzvetan Todorov (n. 1939) formulou a hipótese da rápida e dramática derrota dos nativos mexicanos como consequência de sua "incapacidade de decodificar

---

7. BRUIT, H. "O trauma de uma conquista anunciada". In: GEBRAN, P. & LEMOS, M.T. (org.). *América Latina: Cultura, Estado e Sociedade*. Rio de Janeiro: ANPHLAC, 1994, p. 18.

os signos dos conquistadores" e de assimilar a alteridade radical com a qual se confrontaram diante da chegada dos espanhóis, estava abrindo uma espécie de trilha em uma floresta de possibilidades.

Essa trilha, na verdade, conduziria o estudioso búlgaro a investigar aspectos relacionados ao imaginário, ao confronto entre as visões de mundo de conquistadores e conquistados, aos sistemas de signos em confronto. Da mesma forma, esse recorte transversal no tema apontaria para a possibilidade do uso de metodologias que dialogam com a linguística, com a semiótica ou mesmo com a psicanálise.

Também a escolha das fontes – que deveriam incluir textos a partir dos quais fosse possível acessar não somente o ponto de vista dos invasores espanhóis, mas igualmente o discurso dos nativos mexicanos – surgiu aqui de maneira mais ou menos consequente, conduzindo Todorov a examinar com especial atenção fontes como aquelas que foram produzidas pelos nativos astecas na fase subsequente à Conquista (relatos produzidos por astecas no período imediatamente subsequente à Conquista; Cantares Mexicanos do período, entre outras fontes). Por outro lado, era preciso confrontar estas fontes – representativas do ponto de vista asteca, embora em alguns casos com mediações – com fontes representativas do ponto de vista dos conquistadores espanhóis, como é o caso dos relatórios que constituem as famosas "Cartas de Hernan Cortês ao Rei da Espanha"[8]. Essa combinação de fontes permitiria compreender mais de perto o "choque cultural" entre as duas civilizações, e as reações das partes envolvidas diante desse confronto.

---

8. Entre as fontes produzidas pelos próprios astecas em momento próximo à Conquista estão, p. ex., os depoimentos produzidos sobre a orientação do franciscano Bernardino Sahagun, que, em 1579, coordena a feitura em náuatle, de uma primeira versão destas fontes que ficaram conhecidas como "Os informantes de Sahagun". Esses relatos foram publicados, e possuem, inclusive, tradução em português (LEÓN-PORTILLA, 1987). Cinco anos mais tarde, Sahagun produz uma nova versão, retificando a anterior, na qual já aparece um discurso menos autêntico de um ponto de vista estritamente asteca, o que deve ser atribuído aos interesses franciscanos naquele momento, bem articulados com setores espanhóis ligados à Conquista. Sobre isto cf. CLINE, 1988, p. 93-106. Portanto, as diferenças entre uma e outra deixam entrever aspectos ideológicos produzidos na interação entre a Igreja e a Coroa Espanhola / Também as Cartas de Hernan Cortês ao Imperador da Espanha, relatórios que trazem o ponto de vista dos conquistadores, mereceram publicações: CORTEZ, 1996. Igualmente sintonizadas com esse ponto de vista são as crônicas de Bernal Díaz, que participou da expedição de Cortês e publicou uma *Historia verdadera de la Conquista de la Nueva Espana* (1632). Para mais um apoio ao ponto de vista asteca, pode-se buscar os Cantares Mexicanos, produzidos na mesma época (BIERHORST, 1985).

Articulando convenientemente todos os aspectos acima considerados, a iluminação do tema problematizado da Conquista da América a partir de uma hipótese bem colocada e inovadora conduziu Tzvetan Todorov a produzir um dos mais interessantes livros sobre o assunto escritos no último século[9]. A título de exemplificação, poderia ser elaborado para a hipótese proposta por Todorov um quadro como o que foi proposto mais atrás.

Quadro 3: Exemplo de uma hipótese específica
(*A Conquista da América*, Todorov)

Hipóteses	Fontes	Metodologia	Articulação Teórica
A rápida e devastadora sujeição de milhões de astecas por apenas algumas centenas de conquistadores espanhóis explica-se, sobretudo, pela incapacidade de os astecas assimilarem o "choque cultural" produzido no confronto entre as duas civilizações, e pela sua incapacidade em decifrar os códigos dos conquistadores.	• Os *informantes de Sahagun* • *Cartas de Hernan Cortés*	• Análise Semiótica • Abordagem comparativa	Conceitos de: • "choque cultural" • "alteridade"

---

9. TODOROV, T. *A Conquista da América* – A questão do outro. São Paulo: Martins Fontes, 1993.

O exemplo discutido nos oferece, certamente, um bom exemplo das funções "norteadora" e "delimitadora" de uma hipótese de pesquisa. Essas funções articulam-se, naturalmente, com a função básica da hipótese de "propor uma possível solução para o problema investigado", e que poderíamos denominar "função interpretativa" (3). A esse respeito é preciso lembrar que um problema científico, sobretudo na área das Ciências Humanas, nem sempre apresenta uma única solução. Isso pode ocorrer com problemas matemáticos, mas não com estudos sociais que envolvem complexas questões de interpretação e leituras produzidas na interação entre sujeito e objeto de conhecimento.

Quadro 4: Um problema e suas hipóteses

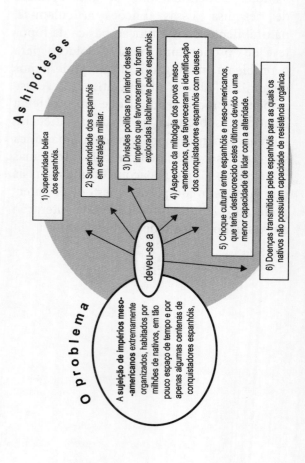

5

A Conquista da América: um problema e suas diversas hipóteses

Retomaremos como exemplificação o problema da Conquista da América. O Quadro 4 procura esquematizar o problema proposto – o da sujeição de milhões de nativos meso-americanos organizados em impérios desenvolvidos como o dos astecas, em tão pouco espaço de tempo e para apenas algumas centenas de conquistadores espanhóis.

Pergunta-se pelo fator ou pela combinação de fatores que teriam favorecido esse acontecimento tão significativo para o destino subsequente do continente. No quadro proposto, o problema apresentado ocupa o lado esquerdo da imagem, enquanto o lado direito, em sombreado, corresponderá às diversas hipóteses que se apresentam como soluções satisfatórias para a questão imaginada, ou ao menos como caminhos de investigação possíveis. Basta substituir o segundo termo (depois das reticências...) por qualquer das alternativas propostas, ou por uma combinação de duas ou três das alternativas propostas, e teremos diversas possibilidades para o mesmo problema. O círculo à esquerda enquadra o problema proposto, que é também a primeira parte de uma hipótese a ser redigida. À direita, são apresentadas algumas respostas possíveis para o problema, que constituem a segunda parte da redação proposta para a hipótese a ser formulada. Assim, uma das várias hipóteses indicadas no esquema (a hipótese de Todorov a que já nos referimos) poderia ser redigida da seguinte forma:

> A sujeição de milhões de nativos meso-americanos, organizados em impérios centralizados e desenvolvidos como o dos astecas, em curto espaço de tempo e para apenas algumas centenas de soldados espanhóis, ... deveu-se fundamentalmente à dificuldade dos astecas em lidar com a alteridade e com o choque cultural produzido pelo seu contato com os conquistadores.

Em diversas ocasiões, uma hipótese apresenta esse tipo de formato redacional, especialmente as que buscam compreender as relações entre um acontecimento ou fenômeno e os fatores dominantes que o tornaram possível. O próprio problema pode aparecer nesse caso como o primeiro termo da hipótese, e a solução provisória ou resposta antecipada pode corresponder ao termo subsequente. Por ora, o aspecto importante a ressaltar – com relação à exemplificação que propomos – é que inúmeros historiadores têm proposto para o problema da Conquista da América diversificadas hipóteses, como estas ou algumas outras, e, ainda mais frequentemente, combinações de hipóteses que buscariam dar uma explicação complexa ou multifatorial para o problema formulado. Para sustentar as hipóteses propostas, esses historiadores têm desenvolvido argumentações diversificadas, apoiando-se em fontes diversas, analisando-as com metodologias variadas, e abordando o problema a partir de quadros teóricos específicos.

A bem dizer a formulação de hipóteses explicativas diversas para o processo da Conquista da América começa a ocorrer já desde a época dos acontecimentos. Bernal Díaz, que acompanhou a expedição de Cortês, dá o ponto de partida nas hipóteses que procuram explicar o sucesso da Conquista em termos de uma extrema habilidade e coragem dos conquistadores espanhóis, o que é compreensível, uma vez que esse historiador e participante da expedição não poderia senão defender o ponto de vista dos conquistadores espanhóis. Bem mais tarde, no século XIX, veremos ressurgir vigorosamente essa hipótese que buscava essencialmente enaltecer os conquistadores, particularmente com o setor da historiografia que ficou conhecido como o responsável por produzir uma "História dos Grandes Homens" – história na qual os grandes personagens históricos eram os principais responsáveis pelos acontecimentos. Assim, William Hickling Prescott (1796-1859), um historiador que escreve sobre a Conquista da América em 1843[10], iria atribuir o sucesso na empresa da Conquista da América às façanhas de Hernan Cortês e de seus homens, e mesmo no século XX, quando ocorreria uma crítica contumaz à História dos Grandes Homens, essa hipótese ainda seria reformulada algumas vezes[11].

Já a hipótese da "superioridade bélica" (2) – que em alguma medida deve entrar em qualquer análise sobre a Conquista da América –

---

10. Citado na edição PRESCOTT, 1909.

11. É o caso do livro de Hugh Thomas intitulado *Montezuma, Cortês e a Queda do Velho México*, que – ao basear sua análise em fontes espanholas, sem filtrar seu ponto de vista – termina por reforçar esta mesma hipótese de valorização da habilidade dos conquistadores como fator principal que assegura a rapidez com que os espanhóis submetem os astecas (THOMAS, 1995).

não poderia rigorosamente, sozinha, explicar a rapidez do processo e a intensidade da devastação, e nem tampouco o fato contundente de que os espanhóis tiveram de enfrentar uma descomunal desproporção diante de milhões de astecas contra apenas algumas centenas de soldados espanhóis. Essa hipótese, importante, mas não suficiente, dificilmente pode ser convincente quando não articulada a outras, como por exemplo a hipótese indicada com o número "4", e que postula que "divisões políticas no interior das sociedades astecas favoreceram ou foram exploradas habilmente pelos espanhóis". Aliás, existem nuanças possíveis dentro dessa mesma hipótese. Quando se diz que os espanhóis souberam explorar as divisões existentes nas sociedades mexicanas e as rivalidades recíprocas entre alguns povos da região, coloca-se os conquistadores espanhóis no centro do palco, como atores principais, e escreve-se uma história do ponto de vista europeu[12]. Quando se propõe que havia previamente uma guerra civil indígena que enfraquece o império asteca, e que daí surgem condições para os espanhóis impingirem sua dominação, desloca-se o conquistador espa-

---

12. Esse é o ponto de vista transmitido por Bernal Díaz (1492-1584), quando aborda a questão da aliança dos espanhóis com povos indígenas inimigos dos astecas.

nhol para uma espécie de papel coadjuvante, e faz-se dos astecas e seus inimigos indígenas os atores centrais da trama. A história é contada do ponto de vista asteca, e a chegada dos espanhóis entra como um acontecimento externo, e não o contrário[13].

Já mencionamos a célebre hipótese de Todorov sobre o choque cultural. Este, embora impactante para as duas civilizações, teria terminado por favorecer os espanhóis, afinal os astecas até o momento da chegada dos espanhóis à América não conheciam senão povos relativamente parecidos com eles mesmos. Já os espanhóis, àquela altura de sua história, já conheciam populações muito distintas das populações europeias, como as asiáticas, africanas, islâmicas. Os espanhóis, por assim dizer, tinham uma inegável experiência maior com a alteridade.

Possivelmente, nunca se chegará a uma explicação da Conquista da América que seja considerada mais pertinente do que todas as outras. Na verdade, a elaboração do conhecimento histórico consiste precisamente nesse permanente reexame do passado com base em determinadas fontes e a partir de determinados pontos de vista. As hipóteses na

---

13. Esse é o ponto de vista, e o modo de narrar, que aparece nos cantares indígenas (BIERHORST, 1985).

História ou nas Ciências Sociais dificilmente podem adquirir a aparência de verdades absolutas (se é que existem verdades desse tipo), porque há um espaço muito evidente de interpretação a ser preenchido pelo historiador ou pelo sociólogo na sua reflexão sobre problemas sociais do presente ou do passado. Em tempo: o que pode ser confirmado como afirmações indiscutíveis são determinados dados ou enunciados empíricos, mas não as proposições problematizadas que relacionam ou interpretam estes dados empíricos[14].

Em suma, vimos até aqui como as hipóteses podem desempenhar efetivamente funções importantes para o encaminhamento de uma pesquisa específica a ser realizada. Elas cumprem simultaneamente os papéis *norteador* (servindo de guias à investigação), *delimitador* (recortando mais o objeto da investigação) e *interpretativo* (propondo soluções provisórias para um problema). Para além disso, as hipóteses desempenham dentro de um trabalho científico específico uma importante função *argumentativa* (4).

---

14. É indiscutível que milhões de nativos meso-americanos foram submetidos pelos espanhóis nas primeiras décadas do século XVI. Mas as razões e implicações desse fato serão sempre rediscutidas.

Assim, de acordo com o método de raciocínio "hipotético-dedutivo", as hipóteses devem atuar como focos para o desencadeamento de inferências – no sentido de que das suas consequências vão ser geradas novas proposições, e de que estas mesmas proposições desdobradas da hipótese original também irão produzir novas inferências. Essa formação de uma série articulada de enunciados, na qual cada um vai precedendo a outros de maneira lógica, consiste no que se denomina "demonstração". É, aliás, essa "função argumentativa" da hipótese o que autoriza seu sentido etimológico de "proposição subjacente" – de proposição que se coloca abaixo de outra. Toda hipótese apresenta grosso modo isto que podemos chamar de uma "potência inferencial" (capacidade de dar origem a outras proposições). É dessa potência inferencial das hipóteses, em articulação às verificações empíricas, que vive o discurso científico.

A "função argumentativa" da hipótese é desempenhada, por outro lado, não apenas a partir dos desdobramentos de suas consequências, mas também através da articulação desses desdobramentos com outras hipóteses, de modo que duas ou mais hipóteses combinadas também podem produzir novas inferências. Um exemplo de articulação lógica de enunciados hipotéticos é apresentado na obra *O suicídio* de Émile Durkheim (1897). O problema constitui-se em torno de uma indagação acerca da dimensão social do suicídio, examinando-o não apenas como um evento individual, mas como um fenômeno social que se expressa através do indivíduo. Cumpre investigar as motivações e as implicações do suicídio para a experiência humana. Em primeiro lugar, apresenta-se a hipótese de que o suicídio é motivado por tensões e ansiedades não aliviadas (a). Depois é proposta uma hipótese que logo virá convergir para o problema: a "coesão social" de um grupo proporciona mecanismos para aliviar ou combater as tensões e ansiedades vivenciadas por alguns indivíduos (b). Em seguida, aventa-se a hipótese de que determinados tipos de grupos sociais possuem maior coesão social do que outros (uma forma de religião em contraste com outra, p. ex.) (c). Logo, será possível prever um índice menor de suicídios naqueles grupos de maior coesão social quando comparados com o de menor coesão (d).

Naturalmente que esta cadeia de inferências a partir de hipóteses convergentes foi sustentada nesta síntese abreviada de maneira exclusivamente argumentativa. Em uma pesquisa, a "demonstração lógica" deve vir imbricada com uma "verificação empírica". Os suportes empíricos devem precisamente sustentar cada uma das afirmações com dados concretos. Pode-se, por exemplo, propor um método qualquer para a mensuração de aspectos relativos à "coesão social" em um tipo de grupo humano específico (os membros de uma comunidade católica, p. ex.). Depois, quantificam-se os índices de suicídio nesse grupo. Procede-se com as duas operações anteriores para um outro tipo de grupo que produza uma comparação pertinente (os membros de uma comunidade protestante, p. ex.). O confronto entre os índices obtidos para cada grupo, tanto os indicativos de "coesão social" como os que se materializam em taxas de suicídios, permitirão confirmar ou refutar a ideia de que as suposições propostas produzem efetivamente uma articulação pertinente (a hipótese articuladora de que a "coesão social" é inversamente proporcional à "quantidade de suicídios").

6

A função das hipóteses no conjunto maior da ciência

As três próximas funções a serem comentadas (Quadro 1, parte não sombreada) correspondem ao papel da hipótese não apenas dentro de uma única pesquisa tomada isoladamente, mas dentro do conjunto maior da ciência. Falaremos por um lado da potencialidade de algumas hipóteses para preencher lacunas do conhecimento, e por outro lado de hipóteses que, por algumas razões, acabam fazendo uma interligação entre várias pesquisas – seja por desdobramento de suas possibilidades em outras pesquisas, seja por sua capacidade de aglutinar séries de dados empíricos produzidos por pesquisas diversas.

Em primeiro lugar consideraremos que hipóteses bem fundamentadas, mesmo que não possam ainda ser plenamente comprovadas ou refutadas, podem apresentar a significativa função de "preencher lacunas do conhecimento". A hipótese tem neste sentido uma espécie de *função complementadora* (5). Notadamente para períodos mais recuados do passado, quando começam a escassear as fontes e as informações disponíveis, o historiador pode ser conclamado a preencher estes silêncios e vazios de documentação, até que a sua interpretação provisória seja substituída por uma outra que tenha encontrado bases mais seguras de sustentação. De igual maneira, o cientista social pode se valer de procedimentos análogos para preencher os silêncios sociais de seu próprio tempo, ou as dificuldades de acesso a fontes e dados.

Esse papel desempenhado pela hipótese no sentido de preencher espaços vazios do conhecimento não é estranho à Ciência de uma maneira geral. Sabe-se por exemplo da existência dos intrigantes "buracos negros" do espaço cósmico, mas como não existem atualmente maiores possibilidades de compreender de forma fundamentada esses fenômenos astronômicos, ou de produzir experimentos para testar a natureza dos "buracos negros", os cientistas não raro formulam teorias provisórias sobre a questão. Especula-se, também em forma de hipóteses, sobre a "origem do universo" (como na célebre *Teoria do Big Bang*). As próprias lacunas de conhecimento concernentes à "origem do Homem" têm gerado sucessivas hipóteses na Ciência e na Religião: o homem como criação direta de Deus (*Gênesis*), o homem como descendente evolutivo do macaco (Darwin), o homem como descendente de um "elo perdido" que teria dado origem simultaneamente à ramificação humana e à ramificação dos demais primatas (retificações na Teoria da Evolução), o homem como pertencente a uma matriz evolutiva independente da do macaco (pesquisas recentes). Em cada um desses casos, uma hipótese preenche um vazio gerado pela inquietação diante das origens humanas.

Outro tipo de hipóteses que transcendem o mero âmbito da pesquisa em que foram geradas refere-se àquelas que, uma vez propostas, revelam um potencial de "aplicabilidade a outras pesquisas". A hipótese vem aqui desempenhar uma *função multiplicadora* (6). Quando se desenvolve para um estudo de caso específico, uma argumentação bem fundamentada em torno de determinada hipótese, provando-se a sua pertinência, pode ser que esta hipótese venha a se mostrar aplicável a outros estudos, beneficiando dessa maneira outras pesquisas possíveis e o conhecimento científico de uma maneira geral. Assim, ao desenvolver a hipótese da importância predominante do "choque cultural" na sujeição das sociedades astecas, Todorov abriu a possibilidade de que a mesma hipótese fosse utilizada para compreender a sujeição da sociedade inca, empreendida por Pizarro na região do Peru, ou outras situações similares. É claro que, para cada caso, devem ser respeitadas as singularidades, o que deve ficar como um lembrete importante relativo às possibilidades de se importar uma hipótese de um para outro campo de pesquisa.

Por fim, uma última função das hipóteses é que, em nível mais amplo, elas podem se prestar à organização ou unificação de conhecimentos já adquiridos, inclusive através de generalizações destinadas a explicar certas "uniformidades empíricas" que tenham sido eventualmente constatadas em pesquisas diversas. Falaremos aqui de uma *função unificadora* (7). Pode se dar o caso em que uma hipótese explicativa contribua para dar sentido seja a um certo conjunto de dados, seja a um conjunto de outras hipóteses. Um exemplo poderá esclarecer esse uso das hipóteses explicativas.

7

Uma hipótese sobre o crescimento das cidades

Várias pesquisas sobre crescimento urbano, tomando como campo de estudos as cidades americanas, levaram alguns estudiosos da chamada *Escola de Chicago* e outros sociólogos à percepção de um certo padrão de crescimento das cidades, particularmente no que concerne à distribuição da população[15]. Diante das uniformidades empíricas percebidas, alguns autores procuraram formular hipóteses que correlacionassem esses fenômenos – entre eles Ernest Burgess, que elaborou a sua célebre hipótese dos "círculos concêntricos".

Para sustentar sua hipótese original, Ernest Burgess (1886-1966) idealizou seu famoso "ideograma de desenvolvimento urbano", onde o

---

15. BURGESS, E.W.; PARK, E. & McKENZIE, R.D. *The City*. Chicago: University of Chicago Press, 1925.

crescimento se verifica em torno de um núcleo de pontos focais que se constitui predominantemente pelas atividades comerciais e industriais. O esquema é naturalmente válido no âmbito das cidades tipicamente americanas da Modernidade (mas não no âmbito das cidades europeias, p. ex.), e baseia-se nos processos de *etnic sucession* e da *residential invasion*. A ideia básica é a de que a cidade organiza a população a partir de zonas concêntricas, residindo a alta burguesia nos subúrbios periféricos, e, nesse caso, a progressão social evoluiria do centro para a periferia, de maneira que cada grupo social vai abandonando espaços mais próximos do centro e conquistando os arredores mais valorizados socialmente.

O que Burgess fez, nesse caso, foi construir – através da mediação de uma hipótese adequada – uma generalização que enquadraria as várias "uniformidades empíricas" percebidas. Dito de outra forma, o sociólogo da *Escola de Chicago* tratou de organizar a realidade sob a forma do que pode ser chamado de um "tipo ideal complexo".

Goode e Hatt[16] alertam para o fato de que este tipo de hipótese não deve vir acompa-

---

16. GOODE, W. & HATT, P.K. *Métodos em Pesquisa Social.* São Paulo: Companhia Editora Nacional, 1968, p. 77-83.

nhado da pretensão de generalizações absolutas, devendo-se deixar claro desde o início que o padrão percebido a partir de uma dada recorrência de casos verifica-se em determinadas condições (e não em outras). Por outro lado, Lakatos e Marconi[17] assinalam de maneira bastante pertinente que o principal papel das hipóteses desse tipo é o de "criar instrumentos e problemas para novas pesquisas". Assim, a hipótese dos "círculos concêntricos" proposta por Burgess teria dado origem a outras, como a dos "círculos múltiplos" proposta por Chauncy Harris (1914-2003) e Edward Ullman (1912-1976) e a do "crescimento axial" proposta por Homer Hoyt (1895-1984).

Foi a partir de transformações e retificações no modelo primordial proposto por Burgess que os chamados "ecologistas socioculturais" como Hoyt propuseram a imagem de uma cidade dividida em setores triangulares – como as fatias de um bolo –, observando que em diversos casos setores triangulares inteiros perdem prestígio social à medida que se aproximam da periferia[18].

---

17. Cf. LAKATOS, E.M. & MARCONI, M.A. *Metodologia Científica*. São Paulo: Atlas, 2000, p. 149.

18. HOYT, H.Y. *The Structure and Growth of Residencial Neighbourhoods in American Cities*. Washington: U.S. Government Printing Office, 1939.

Já a hipótese dos "núcleos múltiplos", por outro lado, questiona a própria ideia de um "centro único", o que corresponderia na verdade a um modelo de visualização que nem sempre condiz com a vida urbana. Assim, Harris e Ullman procuraram assinalar a natureza compósita da cidade, que estaria fundada sobre núcleos diferenciados. Buscavam conciliar desta forma, contestando-as no essencial, a ideia original de Burgess acerca de uma evolução concêntrica e a proposta de crescimento por fatias triangulares aventada por Homer Hoyt (1895-1984)[19].

Este exemplo pode nos ajudar a perceber que as hipóteses também têm uma função significativa como organizadoras, mesmo que provisórias, dos próprios dados empíricos produzidos através do conhecimento científico. Funcionam, nesse caso, como compartimentos que retêm de maneira organizada e coerente esses dados, ou como "criadoras de sentido" que imprimem novos significados a conhecimentos construídos a partir de pesquisas diversas. Nesse sentido, algumas hipóteses transcendem largamente o âmbito mais restrito de sua pesquisa singular, e

---

19. HARRIS, C. & ULLMAN, E.L. "The Nature of Cities". In: *Annales of American Academy of Political and Social Science*, CCLII, 1945. Nova York, 1945.

criam unidades maiores entre várias pesquisas produzidas. Não importa que em um segundo momento essas hipóteses sejam substituídas por novas hipóteses. O importante é que através delas o conhecimento científico pode transitar livremente, sendo reelaborado de maneira permanente.

8

Hipóteses e formação de teorias

É precisamente quando determinadas hipóteses conseguem reunir em conjuntos maiores e coerentes uma diversidade de fatos, uniformidades empíricas e resultados obtidos em pesquisa – e particularmente quando se mostrarem sustentáveis ou válidas as relações propostas para esses fatos – que ocorre a formação de uma teoria[20]. Partindo dessas relações propostas e das hipóteses primordiais, são deduzidas novas hipóteses, de modo que vai sendo consolidada uma nova teoria (inclusive com a elaboração de novos conceitos, sempre que necessário).

Mais uma vez podemos citar o exemplo da "Teoria sobre a Origem das Espécies" de

---

20. É nesse sentido que Goode e Haat afirmam que as hipóteses podem formar um elo entre fatos e teorias (GOODE, W. & HATT, P.K. *Métodos em Pesquisa Social*, p. 74).

Charles Darwin (1809-1882). O que o naturalista inglês fez foi precisamente reunir uma série de fatos e dados construídos a partir da observação da natureza sob a orientação de algumas novas hipóteses, como a da "luta das espécies" e a da "seleção natural". Em seguida, sendo validadas por um determinado setor de cientistas as suas observações sistematizadas (não sem enfrentar resistências), o conjunto de hipóteses proposto saltou para o *status* de "teoria" – considerada aqui como um corpo coerente de hipóteses e conceitos que passam a constituir uma determinada visão científica do mundo.

Foi também o que fizeram os sociólogos da *Escola de Chicago* ao reunirem suas hipóteses, deduções e explicações para certas uniformidades empíricas em uma teoria da "Ecologia Urbana" – que por sinal tem elementos de transposição para o campo social de alguns aspectos da "Teoria da Origem das Espécies" proposta por Darwin. Aqui se percebe que uma teoria pode dar origem a outras, através da incorporação de novas hipóteses ou de novos desdobramentos de hipóteses, ou através da transferência de certos sistemas hipotéticos e conceituais para outros campos de aplicação (do campo natural para o social, p. ex.).

De resto, deve ser lembrado que um enunciado teórico deve ser considerado sempre em relação à teoria à qual ele se articula. Um enunciado que em um momento, ou dentro de um determinado referencial teórico, pode ser considerado uma hipótese, em outro momento pode ser considerado uma lei, e em um terceiro momento ser encarado como uma conjectura. Assim, a hipótese da "seleção natural", por exemplo, é considerada *lei* dentro da "Teoria da Origem das Espécies" de Darwin, e um *princípio* que deve ser combinado a outros fatores na "Teoria Sintética ou Moderna da Evolução", e uma conjectura ou hipótese refutada na "Teoria do Planejamento Biomolecular Inteligente" (1997) de Michael Behe (n. 1952).

9

Hipóteses *ad hoc* e hipóteses preditivas

Para finalizar, seria bom lembrar ainda um tipo muito especial de hipóteses, que desempenha uma função bastante específica na ciência: as chamadas hipóteses *ad hoc**. Como constituem um tipo especial de hipóteses, menos frequente que as hipóteses comuns, não registramos sua função no Quadro 1 – que poderia ser definida como a de "proteger outras hipóteses" (*função protetora*).

Mais rigorosamente, a hipótese *ad hoc* seria uma espécie de conjectura que tem por finalidade proteger de contradições uma outra hipótese, quando esta se vê confrontada com teorias já aceitas, ou até mesmo com os dados já disponíveis que não a confirmam. Lakatos e Marconi citam um exemplo bastante interessante de hipótese *ad hoc* bem-sucedida:

> W. Harvey, em 1628, enunciou a hipótese da circulação do sangue (que não é um fe-

nômeno observável) sem levar em conta a diferença entre o sangue arterial e o sangue venoso; para "salvar" sua hipótese, diante da diferença existente, introduziu uma outra *ad hoc*, a saber, "que o circuito artéria-veia permanece cerrado por vasos capilares invisíveis". Pesquisas ulteriores descobriram a existência destes vasos[21].

Ou, mesmo que pesquisas ulteriores não tivessem confirmado a existência dos vasos capilares, e descobrissem uma outra explicação qualquer que conciliasse a hipótese da "circulação sanguínea" com a da existência de dois tipos de sangue (venoso e arterial), a hipótese *ad hoc* proposta por William Harvey (1578-1657) teria cumprido a sua missão: teria "salvado" provisoriamente uma hipótese importante, até que surgissem outros elementos que a complementassem e a validassem. Assim, as hipóteses *ad hoc*, embora em alguns casos produzam formulações absurdas – uma vez que elas se valem de uma espécie de "salvo-conduto" que não exige que estejam ancoradas em dados verificáveis –, têm a sua serventia para a produção do conhecimento científico.

Algumas razões, entretanto, fazem com que sejam pouco utilizadas as *hipóteses ad*

---

21. LAKATOS, E.V. & MARKONI, M.A. Op. cit., p. 146.

hoc em uma ciência como a História. Normalmente, as *ad hoc* são hipóteses do tipo *ante-factum*, isto é, hipóteses que são formuladas precedendo os fatos que poderão confirmá-las ou refutá-las. As ciências naturais trabalham bastante com as hipóteses chamadas "preditivas" (*ante-factum*), que não são obviamente apenas as hipóteses *ad hoc*. Assim, ao longo da história de uma ciência como a Física foram elaboradas por dedução ou até por intuição diversas hipóteses que ficaram à espera de uma confirmação empírica que só poderia surgir muito depois (as hipóteses propostas por Albert Einstein (1879-1955) com a "Teoria da Relatividade" são um exemplo). Hipóteses como a da "circulação sanguínea", proposta por Harvey, ou mesmo a sua hipótese *ad hoc* da existência de vasos capilares, só necessitariam de tempo para que surgissem os instrumentos e técnicas que um dia as verificassem.

Outras hipóteses do tipo *ante-factum* são aquelas que estão associadas à experimentação. Uma hipótese qualquer no campo da Engenharia Genética pode se propor a especular sobre a manipulação de certos genes com vistas a esta ou aquela finalidade, e a confirmação de seus resultados só dependerá da existência de recursos e possibilidades de encaminhar um experimento adequado.

Ocorre que também existem as hipóteses *post-factum*. Estas não são do tipo preditivo; ao contrário, seu objetivo é buscar explicações para fatos que já ocorreram, criar relações entre dados que já estão confirmados, compreender fenômenos que já foram observados. A História, obviamente, trabalha com esse tipo de hipóteses. Seus materiais são as fontes que nos chegam das sociedades do passado através da documentação examinada pelo historiador.

Pede-se na historiografia ocidental que qualquer afirmação feita por um historiador encontre suporte em documentos históricos – que são os vários registros e resíduos da atividade humana e que abrangem desde textos de vários tipos até fontes iconográficas, objetos da cultura material, registros de história oral, ou o que quer que permita um acesso a sociedades menos ou mais remotas. A partir dessas fontes de diversas naturezas e de um conjunto de dados que delas apreende, o historiador é conclamado a produzir explicações congruentes com os elementos por eles selecionados.

Rigorosamente, existe sempre um elemento interpretativo e subjetivo nas explicações que um historiador pode formular, não existindo a possibilidade de se testar a explicação elaborada através de experimentos. A História, evidentemente, é uma ciência observacional, e não experimental. Se, na Química, posso reproduzir em laboratório as mesmas condições e procedimentos com os quais trabalhou um cientista que propôs esta ou aquela hipótese, na História o mesmo não pode acontecer.

Não é possível verificar se uma determinada interpretação da Revolução Francesa é mais adequada do que outra produzindo uma nova Revolução Francesa, já que esta é um evento único e irrepetível. O que se pode é produzir leituras congruentes da Revolução Francesa a partir de perspectivas diversificadas e de uma determinada seleção de fontes e dados que foram escolhidos para material histórico[22].

---

22. Pode ser que o uso do computador permita aos historiadores do futuro lidarem com realidades virtuais, experimentando sucessivas vezes uma mesma situação histórica e testando a inclusão ou exclusão de determinados fatores para verificar o que teria acontecido. Esses recursos, e outros que poderiam ser imaginados pela ficção científica como "visores do tempo" ou "máquinas do tempo", poderiam reformular totalmente a natureza do trabalho historiográfico, introduzindo junto à sua prática observacional-interpretativa uma prática experimental. Mas isso, por ora, permanece objeto da ficção. De qualquer maneira, sempre restará uma parcela muito significativa de subjetividade no fazer historiográfico, uma vez que as situações humanas obtidas experimentalmente sempre deverão ser interpretadas.

As hipóteses propostas pela História não levam a "uma evidência que se impõe"[23] como nas ciências experimentais. Elas permanecem ao nível da congruência em relação aos dados e à própria análise elaborada, mas não chegam ao nível de alto grau de comprovação que se torna possível em algumas das ciências naturais e exatas. Em tempo: pode-se comprovar a ocorrência de determinado evento, à maneira de uma perícia que recupera os dados objetivos de um determinado acontecimento. Mas não há, por exemplo, como julgar melhor uma entre duas interpretações históricas distintas sobre o mesmo conjunto de dados, a considerar que as duas sejam interpretações igualmente congruentes.

A historiografia ou a fortuna crítica sociológica de determinado tema ou objeto sempre oferecerá aos seus leitores uma rede diversificada de interpretações plausíveis e congruentes (descontando as absurdas), e a única exigência que poderá ser feita ao historiador é que ele baseie as suas interpretações em materiais legítimos, que são as próprias fontes históricas analisadas com os métodos adequados.

---

23. Expressão utilizada por Robert K. Merton (*Sociologia*: teoria e estrutura. São Paulo: Mestre Jou, 1970, p. 162).

Vejamos então as implicações desta natureza da pesquisa historiográfica com relação à possibilidade de utilização de hipóteses *ad hoc*, já tendo sido compreendido que a História não trabalha com "hipóteses preditivas", e sim com hipóteses *post-factum*. Utilizar uma hipótese *ad hoc* na História com o objetivo de "proteger" uma outra, a partir da qual se pretende desenvolver uma argumentação dedutiva, seria utilizar uma hipótese que não pôde buscar apoio em documentação existente. Seria propor uma hipótese ainda no nível conjectural, sem qualquer embasamento empírico obtido a partir de análise de fontes históricas, talvez na esperança de que um dia fossem encontradas as fontes que permitiriam sustentar a hipótese *ad hoc* proposta.

Já dissemos que é questão controversa a utilização de conjecturas no trabalho científico. A maioria dos historiadores e cientistas sociais rejeita essa possibilidade, e alguns a aceitam apenas como preenchimento provisório de lacunas – geralmente em explicações paralelas com relação a certo aspecto da sociedade ou a determinado conjunto de fatos obscuros. Mas dificilmente um cientista social, mesmo os do grupo que aceita conjeturar em ocasiões específicas, empreenderia um trabalho que tivesse por hipótese central uma suposição não fundamentada em fontes. A não ser, é claro, que esse historiador aceitasse deslizar do gênero historiográfico propriamente dito para o gênero da ficção histórica.

O uso de hipóteses *ad hoc* na História só poderia desempenhar um papel extremamente periférico, pelo menos de acordo com os parâmetros atualmente vigentes na historiografia ocidental. As hipóteses, em História, só podem ser "salvas" a partir da comprovação dos seus elementos empíricos mais diretos e da verificação empírica de seus desdobramentos, ou então a partir de deduções de hipóteses precedentes que, pelo menos elas, estejam ancoradas em bases documentais – ou, mais propriamente, que estejam ancoradas em análises congruentes estabelecidas sobre bases documentais. O uso sistemático da fonte histórica é ainda o que garante ao historiador o direito de reivindicar para a sua prática o *status* de "ciência".

Mas, enfim, mais do que qualquer outra ciência ou prática crítico-reflexiva, a História vive da formulação e reformulação de hipóteses. O historiador marca uma distância prudente das conjecturas e outra da pretensão de descobrir verdades absolutas. Nesse caminho do meio a História pode ser definida como a ciência de formular hipóteses sobre o passado, e como a arte de sustentar estas hipóteses de maneira criativa e congruente a partir das fontes utilizadas pelo historiador. Na oficina da História, as hipóteses são sempre instrumentos importantes – multifuncionais na sua capacidade de *nortear, delimitar, interpretar, argumentar, complementar, multiplicar* e *unificar* os materiais e a pesquisa histórica.

Para além desses usos das hipóteses de pesquisa, que na prática historiográfica adquirem tanta relevância, o quadro de funções atrás discutido procurou destacar o papel decisivo das hipóteses na Pesquisa Científica de uma maneira geral – tanto no que se refere a um trabalho específico que se realiza (Projeto ou Tese) como no que se refere a aspectos mais amplos do conhecimento.

Nota sobre o texto

O livro que aqui se apresenta deriva de um artigo publicado pelo autor na revista *Sísifo* – (Revista de Ciências da Educação, da Universidade de Lisboa) – com o título "As hipóteses nas Ciências Humanas" (BARROS. *Sísifo*, vol. 7, 2008, p. 151-162). O texto também incorpora desenvolvimentos apresentados, anteriormente, no capítulo 6 do livro *O Projeto de Pesquisa em História* (BARROS, J.D'A. Petrópolis: Vozes, 2005).

Referências

AZEVEDO, T. *Les élites de couleur dans une ville brésilienne*. Paris: Unesco, 1953.

BARROS, J.D'A. "As hipóteses nas Ciências Humanas". In: *Sísifo*, vol. 7, 2008, p. 151-162. Lisboa.

_____. *O Projeto de Pesquisa em História*. Petrópolis: Vozes, 2005.

BASTIDE, R. & FERNANDES, F. *Relações raciais entre negros e brancos em São Paulo*. São Paulo: Anhembi, 1955.

BEHE, M. *A caixa-preta de Darwin*: do desafio da Bioquímica à Teoria da Evolução. São Paulo: JZE, 1997.

BIERHORST, J. *Songs of Aztecs*. Stanford: Stanford University Press, 1985.

BRUIT, H. "O trauma de uma conquista anunciada". In: GEBRAN, P. & LEMOS M.T. (orgs.) *América Latina*: Cultura, Estado e

Sociedade. Rio de Janeiro: Anphlac, 1994, p. 15-45.

BURGESS, E.W.; PARK, E. & McKENZIE, R.D. *The City*. Chicago: University of Chicago Press, 1925.

CLINE, S. "Revision Conquest History – Sahagun revise book II". In: ALVA, J.K. (org.). *The Work of Bernardino Sahagun:* pioneer of etnographer of sixteenth-century aztec Mexico. Austin: Texas University Press, 1988, p. 93-106.

CORTEZ, H. *A conquista do México*. Porto Alegre: L&PM, 1996.

DURKHEIM, É. *O suicídio*. São Paulo: Martins Fontes, 1999 [original: 1897].

FERNÁNDEZ-ARMESTO, F. "Aztec – Auguries and Memories of Conquest of the México". In: *Renaissance Studies*, 6, 1992, p. 287-305.

GOODE, W. & HATT, P.K. *Métodos em pesquisa social*. São Paulo: Companhia Editora Nacional, 1968.

GUERREIRO RAMOS, A. "Interpelação à Unesco". In: *O Jornal*, 03/01/1954, p. 2-3.

HARRIS, C. & ULLMAN, E.L. "The Nature of Cities". In: *Annales of American Academy of Political and Social Science*, CCLII, 1945, p. 15-42. Nova York.

HOYT, H.Y. *The Structure and Growth of Residencial Neighbourhoods in American Cities.* Washington: U.S. Government Printing Office, 1939.

LAKATOS, E.M. & MARCONI, M.A. *Metodologia científica.* São Paulo: Atlas, 2000.

LEÓN-PORTILLA, M. *A visão dos vencidos.* Porto Alegre: LPM, 1987.

MAIO, M.C. "O Projeto Unesco e a agenda das ciências sociais do Brasil nos anos 40 e 50". In: *Revista Brasileira de Ciências Sociais*, vol. 14, n. 41, out./1999. São Paulo.

MERTON, K. *Sociologia*: teoria e estrutura. São Paulo: Mestre Jou, 1970.

MÉTRAUX, A. "Unesco and the racial problem". In: *International Social Science Bulletin*, II, 3, 1950, p. 384-390.

NOGUEIRA, O. "Preconceito racial de marca e preconceito racial de origem". *Anais do XXXI Congresso Internacional dos Americanistas.* São Paulo: Anhembi, 1955.

PRESCOTT, W. *Conquest of México.* Londres: Dent, 1909.

RESTALL, M. *Sete mitos da Conquista Espanhola*. Rio de Janeiro: Civilização Brasileira, 2006.

THOMAS, H. *Montezuma, Cortês and the Fall of Old Mexico*. New York: Simon and Schuster, 1995.

TODOROV, T. *A Conquista da América* – A questão do outro. São Paulo: Martins Fontes, 1993.

UNESCO. *Statement of Race*. 21/11/1951. Paris.

Índice onomástico

Azevedo, T. 14s.

Bastide, R. 14s.
Behe, M. 55
Bierhorst 29n., 38n.
Bruit, H. 27n.
Burgess, E. 47-50

Cline 29n.
Cortês, H. 29s., 35s.

Darwin, C. 45, 54s.
Díaz, B. 27, 29n., 35
Durkheim 41

Einstein, A. 59

Febvre, L. 18n.
Fernandes, F. 14s.
Fernández-Armesto 26n.
Freyre, G. 13

Goode, D. 48

Harris, C.H. 49s.
Harvey, W. 57-59
Hatt, P.K. 48
Hoyt, H.Y. 49s.

Lakatos 49, 57
Las Casas, B. 27
León, C. 27
León-Portilla 29n.

McKenzie 47n.
Marconi, M.A. 49, 57
Merton, K. 62n.
Metreaux, A. 12

Nogueira, O. 14

Oviedo 27

Prescott, W.H. 36

Sahagun, B. 29n., 30

Thomas, H. 36n.
Todorov, T. 27s., 30, 34, 38, 45

Ullmann, E.L. 50n.

Índice remissivo

Alteridade 28, 30, 32, 34, 38
Annales 18n.

Choque cultural 29s., 32, 34, 38, 45
Cidades 47-50
Ciência 43-45, 57, 59, 61, 64
Conquista da América 26s., 30, 33, 35s., 38
Crescimento das cidades 47s.

Definição (de hipótese) 20s.
Demonstração 20, 40

Escola de Chicago 47s., 54
Escolha das fontes 28

Finalidade da hipótese 11
Função(ões)
  complementadora 44
  da hipótese 22s.
  multiplicadora 22, 45
  norteadora 22s., 25

Hipótese
  ad hoc 57, 59
  ante-factum 59
  preditiva 59
Hipotético-dedutivo 40
História-problema 18

Nazismo 13

População 47s.
Problema 17
Projeto de pesquisa 7s., 24
Provisório nas hipóteses 11

Racismo 12s., 15
Revolução Francesa 61

Suicídio 41s.

Teoria da Relatividade 59

Unesco 12-14

Verificação 20, 24

Conecte-se conosco:

- **f** facebook.com/editoravozes
- **⊙** @editoravozes
- **𝕏** @editora_vozes
- **▶** youtube.com/editoravozes
- **⊙** +55 24 2233-9033

---

www.vozes.com.br

Conheça nossas lojas:

www.livrariavozes.com.br

Belo Horizonte – Brasília – Campinas – Cuiabá – Curitiba
Fortaleza – Juiz de Fora – Petrópolis – Recife – São Paulo

  Vozes de Bolso

EDITORA VOZES LTDA.
Rua Frei Luís, 100 – Centro – Cep 25689-900 – Petrópolis, RJ
Tel.: (24) 2233-9000 – E-mail: vendas@vozes.com.br